LA GUERRA DE SECESIÓN

El conflicto que dividió a los Estados Unidos

Por Romain Parmentier
Traducido por Marina Martín Serra

Historia · en50MINUTOS.es

LA GUERRA DE SECESIÓN

- **¿Cuándo?** Del 12 de abril de 1861 al 9 de abril de 1865.
- **¿Dónde?** En los Estados Unidos de América.
- **¿Contexto?** El auge estadounidense, las reivindicaciones contra la esclavitud y la guerra civil.
- **¿Beligerantes?** Los Estados Unidos de América y los Estados Confederados de América.
- **¿Principales protagonistas?**
  - Bando nordista:
    - Abraham Lincoln, estadista estadounidense (1809-1865).
    - Ulysses S. Grant, general y estadista estadounidense (1822-1885).
  - Bando sudista:
    - Jefferson Davis, oficial y estadista estadounidense (1808-1889).
    - Robert E. Lee, general estadounidense (1807-1870).
- **¿Resultado?** Victoria de los Estados Unidos, reconstrucción del sur y abolición de la esclavitud.
- **¿Víctimas?**
  - En el bando de los nordistas: 360 000 muertos.
  - En el bando de los confederados: 258 000 muertos.

El 12 de abril de 1861, a las 4:30 de la madrugada, un primer obús estalla contra las murallas de Fuerte Sumter, en Carolina del Sur. La guerra de Secesión acaba de empezar. 85 años después de su Declaración de Independencia, la nación estadounidense se hunde en la guerra civil durante la cual morirán cientos de miles de hombres, inmersos en el fango y el horror de los campos de batalla.

Las raíces de este conflicto se remontan a principios del siglo. Fruto de una evolución diferenciada en el seno de un mismo país, el norte y el sur de los Estados Unidos presentan muchas diferencias: mientras que el primero es industrializado y liberal, el segundo es conservador, con una economía basada en las plantaciones de algodón. Sin embargo, las tensiones se producen en torno a la cuestión de la esclavitud: condenada por el norte, es primordial para el reino del algodón.

En 1860, cuando el republicano abolicionista Abraham Lincoln accede a la presidencia, se consuma la ruptura. Los Estados sudistas, que rechazan la política nordista, se escinden y crean los Estados Confederados de América. La guerra estalla, y tanto los yanquis nordistas como los confederados sudistas pretenden combatir hasta el final, librando una lucha encarnizada. Las batallas se encadenan y hacen destacar a brillantes estrategas como Ulysses S. Grant o Robert E. Lee. La guerra de Secesión, que acaba el 9 de abril de 1865 con la capitulación de los Estados Confederados, sigue siendo hoy el conflicto más mortífero de la historia de los Estados Unidos.

CONTEXTO POLÍTICO, SOCIAL Y ECONÓMICO

NORTE Y SUR: DOS MUNDOS EN UNA MISMA NACIÓN

Lejos de los estragos de la guerra, los Estados Unidos de la primera mitad del siglo XIX son, por varias razones, una potencia territorial, demográfica y económica en pleno auge. El siglo parece prometedor. El territorio nacional no deja de crecer con las conquistas, las compras de tierras y la colonización de territorios en detrimento de las poblaciones indias. En 1860, el país está formado por 33 estados federados y ya cuenta con las fronteras que tiene hoy en día, exceptuando Alaska y el archipiélago de Hawái. Esta vasta extensión territorial va acompañada por un importante crecimiento demográfico procedente de la renovación natural de la población, pero sobre todo de una inmigración constante de europeos que buscan riquezas y libertades. La población pasa de los 4 millones en 1790 a los 31 millones en 1860.

Esta expansión territorial y demográfica impulsa la economía del país, y la inmensidad de las tierras adquiridas a lo largo de las décadas ofrece un sinfín de oportunidades. La agricultura y ganadería, lejos de contentarse con el mercado interior, ahora se abren a la exportación. Asimismo, el sector industrial de los Estados Unidos sigue la vía de la primera revolución industrial del hierro, del carbón y de la máquina de vapor (1830-1870) que ya ha transformado la faz de Europa. Las industrias textil, metalúrgica y mecánica gozan de un crecimiento de casi el 8 % anual, gracias al apoyo de una mano de obra inagotable, de una revolución de los medios de transporte (los barcos y trenes de vapor) y de la innovación de los instrumentos técnicos (el telégrafo eléctrico inventado por Samuel Morse en 1844 o la máquina de coser creada por Isaac Singer en 1851). El estilo de vida de los estadounidenses cambia inevitablemente: las pequeñas producciones agrícolas autosuficientes son cada vez más escasas y dan paso a inmensas explotaciones especializadas, mientras que la afluencia de inmigrantes colma las ciudades, que se convierten en verdaderas metrópolis económicas. La población de Nueva York, de 100 000 habitantes en 1810, se ha multiplicado por diez 50 años más tarde.

Sin embargo, este increíble auge de los Estados Unidos también produce fracturas entre el norte y el sur de la joven nación. Estos dos mundos, que disfrutan de forma desigual de los avances de la época, tienen intereses y necesidades totalmente opuestos. En el norte, el clima, más frío, ha limitado las explotaciones agrícolas en provecho de la economía mercantil e industrial. Esto favorece el liberalismo, el espíritu emprendedor y el deseo de ascenso social. En el sur, en cambio, el clima es mucho más suave, por lo que los habitantes se dedican al cultivo intensivo del tabaco, de la caña de azúcar y, sobre todo, del algodón. La sociedad, que yace sobre grandes terratenientes, es mucho más fija y se parece mucho más a la antigua aristocracia europea.

La Revolución Industrial de la primera mitad del siglo XIX refuerza estas diferencias. En efecto, el norte dedica una parte cada vez más importante de su economía a la industria, hasta el punto de que en 1860 el 90 % de la producción industrial del país procede de esta región. Asimismo, preconiza una legislación aduanera proteccionista para proteger a sus empresas. El sur también experimenta las consecuencias de la Revolución Industrial. La demanda de algodón para el norte y para Europa aumenta constantemente, y de ello resulta una especialización peligrosa de la economía del sur y el incremento de la dependencia hacia el mundo exterior, que provoca su endeudamiento progresivo con los bancos del norte. Esta situación, a contrario del caso del norte, requiere una política librecambista necesaria para favorecer las exportaciones.

Así pues, la misma nación alberga dos mundos opuestos. Sin embargo, aunque el norte y el sur logran convivir durante un tiempo, habrá una cuestión que lo pondrá todo en tela de juicio: la esclavitud.

LA ESCLAVITUD Y SUS CONSECUENCIAS

Con sus orígenes en las secuelas de la primera colonización, la esclavitud se practica en el territorio estadounidense desde el establecimiento de los primeros colonos. No obstante, su importancia es evidente en el sur agrícola donde el esclavo negro, acostumbrado a las altas temperaturas, es una fuente indispensable de mano de obra. A través de los siglos, en el sur se ha desarrollado un verdadero modelo socioeconómico que se basa en esta práctica.

En 1787, la cuestión sigue estando en el centro de los debates durante la redacción de la Constitución de los Estados Unidos. Al igual que los principios de la Declaración de

Independencia de 1776 que aboga por la igualdad entre los hombres, muchos de los padres fundadores consideran que la esclavitud es una vileza. Pero las divisiones que crea entre los distintos estados del joven país impiden una abolición pura y simple. Por lo tanto, en 1787, la Constitución deja a cada estado la elección de practicar o no la esclavitud, y solo se prevé para 1808 la eliminación del tráfico, es decir, del comercio de esclavos desde África hacia los Estados Unidos. Así, los padres fundadores esperan contener el mal hasta que se produzca su supresión natural.

En el norte en vías de industrialización, se produce una abolición progresiva de la esclavitud, con el apoyo de los movimientos progresistas. La afluencia constante de mano de obra que favorece la productividad y la economía de mercado hace que esta práctica sea inútil. Con todo, esta realidad está lejos de producirse en el sur, ya que el auge del país provoca que los estados sudistas sean todavía más dependientes de la mano de obra esclava, a pesar de la supresión de la trata. La demanda de algodón en aumento para la industria textil los obliga, en efecto, a producir cada vez más: de 355 000 balas de algodón en 1820 (una bala pesa 226,7 kg), la producción pasa a ser de 4 millones de balas en 1860. Así, la abolición de la esclavitud firmaría la sentencia de muerte de la economía sudista. Esta necesidad de renta-bilidad constante empuja al sur a favorecer la esclavitud y el contrabando desde el fin de la trata.

Esclavos negros estadounidenses utilizan la primera desgranadora para separar el grano del algodón de su fibra, dibujo de William L. Sheppard, 1869.

Sin embargo, el debate sobre la abolición de la esclavitud está abierto, sobre todo porque la problemática es de actualidad, en especial en Europa, donde Inglaterra y Francia han acabado con esta práctica —en 1833 y en 1848, respectivamente—. El norte, verdadera punta de lanza del abolicionismo, lanza su cruzada contra la esclavitud con el apoyo de filósofos, de religiosos o incluso de escritores como Harriet Beecher-Stowe (1811-1896), autora de *La cabaña del tío Tom* (1852). En 1816, en el norte ya se contempla la opción de repatriar a los negros a África. Esta iniciativa, aunque se salda con un fracaso, provoca el nacimiento de Liberia en 1847. No obstante, estas reivindicaciones se quedan en meras palabras en el sur que, armado con sus propios teóricos, aboga por la servidumbre natural de los negros y la superioridad casi bíblica de los blancos.

Más allá del desafío ético y filosófico, la cuestión de la esclavitud también consta de una faceta política de gran importancia. Ciertamente, los padres fundadores habían dejado la elección a los estados de practicar la esclavitud si así lo deseaban, pero, ¿qué ocurriría con los nuevos estados? Objetivos tanto para el sur como para el norte, los territorios occidentales son, de hecho, el objeto de todos los deseos —sobre todo para el sur, que busca tierras para el cultivo de algodón—. No obstante, exportar el modelo de plantación del sur inevitablemente implica exportar la práctica de la esclavitud. Así pues, esta búsqueda de tierras podría desequilibrar la Unión a favor de uno u otro lado.

EL FUNCIONAMIENTO POLÍTICO DE LOS ESTADOS UNIDOS DE AMÉRICA

Los Estados Unidos de América son una federación de estados. Su sistema político prevé la elección de un presidente, guardián del poder ejecutivo, cada cuatro años. El poder legislativo, por su parte, lo ostenta un Congreso formado por dos cámaras. El Senado está formado por dos delegados por Estado, elegidos para seis años; por su parte, la Cámara de Representantes, cuya cantidad de miembros es proporcional a la población de cada estado, se elige cada dos años. En el siglo XIX, mientras que los debates sobre la esclavitud están a la orden del día, la adhesión de un estado a un bando u otro tiene así importantes consecuencias políticas, sobre todo en el Senado, donde cada estado manda dos delegados.

LA ELECCIÓN PRESIDENCIAL DE 1860

La esclavitud, auténtico veneno de la política estadounidense, se convierte en el principal factor de desunión entre el norte y el sur. En 1820, la Unión cuenta con 22 estados: la mitad es esclavista y, la otra mitad, libre. No obstante, la expansión hacia el oeste empuja a la creación de un nuevo estado, Misuri, que pondrá en peligro este equilibrio precario. La adhesión de Misuri a la causa esclavista requiere un acuerdo inmediato para restaurar el equilibrio. Así, se crea Maine de la división de Massachusetts. Además, se traza una línea separadora en el paralelo 36° 30' de latitud norte, que prohíbe la esclavitud al oeste por encima de esta línea con la excepción de Misuri, lo que acentúa todavía más la fractura entre el norte y el sur. Aunque se mantiene el equilibrio, es imposible garantizarlo a largo plazo. Según se van produciendo las adhesiones, las tensiones resurgen hasta que, en 1857, el Tribunal Supremo declara el acuerdo de 1820 contrario a la Constitución. Así, el frágil equilibrio se rompe del todo.

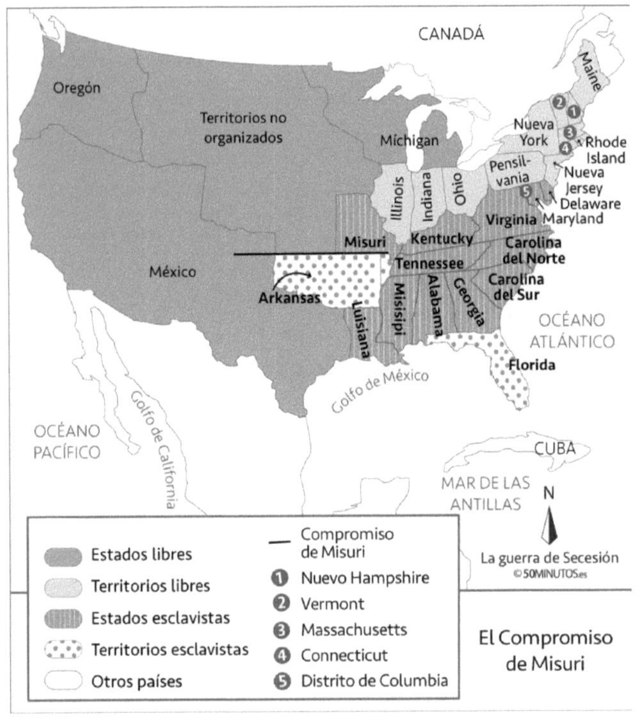

En el norte, se acusa al sur de querer implantar la esclavitud por todas partes mientras que, en el sur, se le reprocha al norte que quiera emancipar definitivamente a todos los esclavos, arruinando con ello a toda la economía sudista. Frente a estas tensiones, incluso los partidos políticos nacionales están a punto de estallar. Hasta entonces, el Partido Demócrata, la principal formación política del país, englobaba a los plantadores del sur, a los granjeros del oeste, a los obreros del norte y a los partidarios generales de la Unión.

Las tensiones entre el norte y el sur acaban dividiendo el partido, y en 1854 el sector antiesclavista funda el Partido Republicano. Su programa se dedica enteramente a la causa del norte: rechazo a la esclavitud en el oeste y aplicación de políticas aduaneras proteccionistas. Las oposiciones entre ambos clanes continúan con más fuerza. En 1859, un activista abolicionista llamado John Brown (1800-1859) intenta promover el levantamiento de los esclavos en Virginia, pero es detenido y ejecutado. John Brown se convierte entonces en un mártir para el norte, y en la encarnación del complot nordista para el sur.

En 1860, los Estados Unidos se preparan para elegir un nuevo presidente, en medio de este clima de desconfianza total. Los estados del sur, sin embargo, alertan a sus oponentes: si un republicano se convierte en presidente, se escindirán para proteger su modo de vida. Se presentan cuatro candidatos a las elecciones:

* John Bell (1797-1869), un nacionalista;
* Abraham Lincoln, un republicano moderado;
* Stephen Douglas (1813-1861), un demócrata partidario de un acuerdo;
* John Breckinridge (1821-1875), un disidente demócrata esclavista.

El 6 de noviembre de 1860, aprovechando las tensiones dentro del Partido Demócrata, Abraham Lincoln consigue el 38 % de los votos y el apoyo de 19 estados, convirtiéndose en el nuevo presidente de los Estados Unidos. Debe tomar posesión del cargo el 4 de marzo de 1861. Sin embargo, el sur no le da la oportunidad de demostrar su valía. El 20 de diciembre de 1860, Carolina del Sur se escinde y sale de la Unión. En enero, la siguen otros seis estados. La Unión cae en el capítulo más oscuro de su historia.

ACTORES PRINCIPALES

ABRAHAM LINCOLN

Cuadro que representa a Abraham Lincoln, pintado en 1894.

Abraham Lincoln, nacido el 12 de febrero de 1809 en Kentucky, es el 16.° presidente de los Estados Unidos. Procedente de una familia de granjeros modestos, sigue a sus padres a Indiana en 1816 antes de instalarse en 1830 en Illinois. Como un hombre hecho a sí mismo, el joven Lincoln lleva a cabo varias profesiones al tiempo que cursa estudios de Derecho, su verdadera pasión. En 1837, finalmente puede abrir su propio bufete de abogados en Springfield, tras haber aprobado el examen de abogacía.

En paralelo, el joven se interesa por la política. Entra en el Partido Whig y, en 1834, accede a la Asamblea Legislativa de Illinois. Es reelegido en cuatro ocasiones, aunque aspira a más responsabilidades. En 1846, es elegido a la Cámara de Representantes en Washington, un puesto que ocupa hasta 1849. A continuación, vuelve a centrarse un tiempo en su carrera de abogado. En 1854, entra en las filas del Partido Republicano, desde las que se presenta a las elecciones al Senado de 1858, que pierde frente a Stephen Douglas.

No obstante, es la oportunidad para él de concretar su opinión sobre la esclavitud. Aunque odia esta práctica que, según él, «se funda en el egoísmo de la naturaleza humana» (Isabel Fraire 2017), no es favorable a la igualdad entre blancos y negros:

> «Diré [...] que no estoy y nunca he estado a favor de ninguna forma de igualdad social y política entre las razas blanca y negra; que no estoy y nunca he estado a favor de votantes o jueces negros ni de calificarlos para que ocupen cargos ni para que contraigan matrimonio con personas blancas [...] Y dado que no pueden vivir de esa forma, mientras permanez-

Lincoln considera que la esclavitud es una amenaza para la Unión, y piensa que es necesario solucionar el problema. Para tranquilizar a los esclavistas, se sitúa en una posición moderada. Desea mantener la esclavitud en los lugares donde existe, y prohibirla donde todavía no se ha implantado. Esta postura unificadora le convierte en el candidato del Partido Republicano para las elecciones presidenciales de 1860, de las que sale vencedor. Sin embargo, su elección causa la secesión de 13 estados, algo que Lincoln se niega a aceptar.

Así pues, lleva a cabo una guerra contra los secesionistas hasta la rendición total de las fuerzas confederadas, el 9 de abril de 1865. Cinco días después, el fanático John Wilkes Booth (1839-1865) dispara una bala en la cabeza a Lincoln durante una representación teatral. El 15 de abril de 1865, el presidente fallece a causa del disparo a las 7:22 horas. No obstante, el hombre que había emancipado a los esclavos en 1862 y que había hecho votar la Enmienda XIII de la Constitución con el objetivo de abolir la esclavitud siempre será recordado como uno de los más grandes presidentes de los Estados Unidos.

Asesinato de Abraham Lincoln.

ULYSSES S. GRANT

Retrato de Ulysses S. Grant, c. 1870-1880.

Ulysses S. Grant, famoso general de la Unión durante la guerra de Secesión, nace el 27 de abril de 1822 en Point Pleasant,
en Ohio. A la edad de 17 años entra en la academia militar de

West Point, de la que se gradúa en 1843. Durante un tiempo duda sobre si debe retirarse del Ejército, pero finalmente es reasignado como oficial durante la guerra de México (1845-1848). Es promovido al rango de capitán en 1853, pero renuncia a los pocos meses.

Los años siguientes son difíciles para Grant, que pasa de la profesión de agricultor a la de almacenista sin tener un verdadero éxito. Cuando estalla la guerra de Secesión, tiene la oportunidad de volver a tejer lazos con el Ejército. El presidente Lincoln ordena, en efecto, reclutar a miles de voluntarios. A continuación, Grant forma su propio regimiento y pronto es ascendido a general. Como la mayoría de los nordistas, es abolicionista y quiere luchar por la Unión. El general no necesita mucho tiempo para destacar por sus numerosos éxitos, especialmente durante la toma de Vicksburg en Misisipi en 1863.

El 9 de marzo de 1864, el Congreso decide restablecer el grado supremo de teniente general del Ejército, que no se había vuelto a conceder desde George Washington (1732-1799). El presidente Lincoln lo atribuye sin dudarlo a Grant, que toma el mando de medio millón de hombres y ahora dirige la estrategia militar de la Unión. Poco después, inicia el asedio de Richmond, capital de la Confederación y, el 9 de abril de 1865, obtiene la capitulación de Robert Lee, convirtiéndose así en héroe de guerra.

En la línea de Lincoln, Grant se presenta a las elecciones presidenciales de 1868, que gana sin dificultades, y es reelegido en 1872. A partir de entonces, obra para la reconstrucción del sur y para luchar contra la segregación de los negros, adoptando principalmente la Civil Rights Act en 1875. Salpicado por varios escándalos de corrupción de su administración, se retira de la vida política y se pone a dar la vuelta al mundo. Fallece el 23 de julio de 1885 en Mount McGregor, en el estado de Nueva York.

JEFFERSON DAVIS

Fotografía de Jefferson Davis tomada por Mathew Brady antes de 1861.

Jefferson Davis, nacido el 3 de junio de 1808 en Kentucky, es el presidente de los Estados Confederados de América, el bando secesionista durante la guerra civil estadounidense. En 1824, entra en la academia militar de West Point y se gradúa cuatro años más tarde. Participa en varios conflictos contra los indios, en especial en la guerra del Halcón Negro en 1832.

Davis, que como Lincoln se muestra atraído por la política, se une al Partido Demócrata en 1840 y es elegido en 1844 a la Cámara de Representantes. A continuación, vuelve a coger las armas en 1847, durante la guerra de México, antes de salir elegido como senador de Misisipi en Washington, el mismo año. En el Senado, defiende con convicción la esclavitud y el derecho de los estados a realizar esta práctica. La carrera política de Davis está coronada por varios éxitos. En 1853, el presidente Franklin Pierce (1804-1869) lo nombra secretario de Guerra para reforzar las fuerzas armadas de la Unión. En 1856 es reelegido senador, y en 1860 se suma a la causa de los secesionistas.

Entonces, los Estados Confederados lo eligen para asegurar su presidencia durante seis años: es investido el 18 de febrero de 1861. Ordena el ataque de Fuerte Sumter, desencadenando las hostilidades entre el norte y el sur, y dirige la política de los Estados Confederados a lo largo de todo el conflicto. Aunque, en un primer momento, los Ejércitos confederados ganan los combates, resultan incapaces de garantizar la integridad de su territorio a largo plazo. Tras la capitulación de abril de 1865, Davis es transferido de ciudad en ciudad. Sin embargo, acaba disolviendo su Gobierno el

5 de mayo de 1865, firmando la sentencia de muerte de los Estados Confederados de América.

El mismo año es capturado y encarcelado, hasta 1867, año en el que se retira para dedicarse a los negocios y la gestión de su plantación. Fallece el 6 de diciembre de 1889 en Nueva Orleans.

ROBERT E. LEE

Retrato de Robert E. Lee realizado por Julian Vannerson en 1864.

Robert E. Lee, ilustre general del Ejército sudista, nace el 19 de enero de 1807 en Stratford Hall, en una de las familias más antiguas de Virginia. Entre sus antepasados, se encuentran algunos de los héroes de la guerra de Independencia, por lo que Lee, de forma natural, está decidido a entrar en el Ejército, e ingresa en la academia militar de West Point en 1825. Cuatro años después obtiene su diploma, elogiado por sus superiores.

Toda la carrera militar de Lee está repleta de éxitos. Oficial del cuerpo de ingenieros durante 25 años, participa activamente en la guerra de México, se convierte en superintendente de West Point en 1852 y, a continuación, es nombrado teniente coronel en 1855, con el objetivo de defender a la población de Texas contra los indios.

Cuando la Unión sufre de lleno la secesión del sur, Lee no esconde su hostilidad frente a los Estados Confederados, que considera inconstitucionales e indignos de los padres fundadores. Se une a los ejércitos de la Unión, y se le ofrece el rango de general y el mando de un ejército. No obstante, tras la secesión de Virginia en abril de 1861, Lee prefiere dimitir, ya que no puede tomar las armas contra su tierra natal. Destrozado por esta elección dramática, entra en el Ejército confederado para defender una causa que sabe, de antemano, que está perdida. Se le confía el mando de las fuerzas de Virginia y luego, en enero de 1865, se convierte en general jefe del Ejército sudista.

Lee, hábil estratega que goza de una capacidad táctica y una agresividad poco convencionales, logra muchas victorias frente a la Unión, como las de Fredericksburg

(1862) y de Chancellorsville (1863). Incluso llegará a marchar sobre Washington antes de ser derrotado en Gettysburg en 1863. Sin embargo, la falta de recursos del sur condena progresivamente a los Estados Confederados. En abril de 1865, Robert Lee se ve obligado a firmar la capitulación en Appomattox. Sin embargo, se muestra satisfecho por la abolición de la esclavitud, garantía de la reconciliación, y apoya la reconstrucción del sur. Cinco años después, el 12 de octubre de 1870, fallece en Lexington.

LA GUERRA DE SECESIÓN

LA CHISPA DE FUERTE SUMTER

El sur percibe la elección de Abraham Lincoln como una provocación. Con la confianza rota, Carolina del Sur es el estado que, en primer lugar, cuestiona el vínculo federal con la Unión. El 20 de diciembre de 1860, sus delegados aprueban la secesión por unanimidad. Criticando las intenciones de Lincoln, Carolina del Sur defiende que es un estado soberano, libre para decidir su propio destino. Entonces, no se contempla la posibilidad de una guerra. Los secesionistas esperan seguir su camino fuera de la Unión de forma pacífica e, incluso en el norte, varias voces se alzan para defender que se les deje hacerlo.

No obstante, el movimiento separatista no se detiene ahí. Durante los meses siguientes, seis otros estados se unen a las filas de la secesión: Misisipi (9 de enero de 1861), Florida (10 de enero), Alabama (11 de enero), Georgia (19 de enero), Luisiana (26 de enero) y Texas, a pesar de la oposición de su gobernador (1 de febrero). El 4 de febrero de 1861, estos últimos eligen unirse formando los Estados Confederados de América que, en más de un aspecto, retoma el sistema político de la Unión. La nueva Constitución reconoce la esclavitud —aunque no restaura el tráfico de esclavos—. El sur, apoyándose en esta nueva organización, declara su secesión completa y definitiva, y no dudará en defenderse en caso de ataque. Frente a esta radicalización de los discursos, el norte pretende, por su parte, hacer respetar el pacto federal.

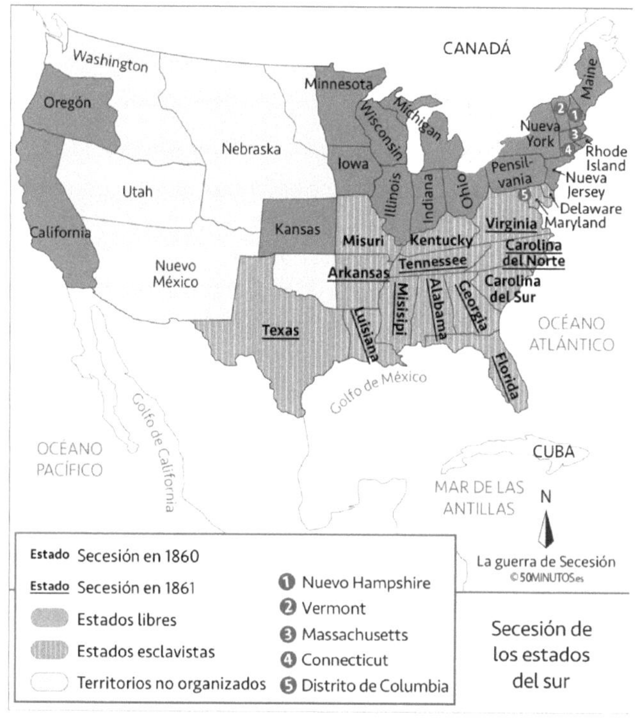

En este clima de alta tensión, Abraham Lincoln presta juramento el 4 de marzo de 1861. En su discurso de investidura, se presenta tranquilizador y conciliador, y le recuerda al sur que no tiene ninguna intención de abolir la esclavitud en las regiones en las que se lleva a cabo esta práctica, sino que su voluntad se centra en salvaguardar la Unión. Con todo, no deja de calificar la secesión como algo ilegal y alerta: todo acto de violencia contra el Gobierno federal será considerado insurreccional. Sin embargo, Lincoln se mantiene prudente. No será el agresor; si hay un conflicto, será provocado por los Estados Confederados y no por la Unión.

No obstante, la guerra es inevitable, ya que las negociaciones no conducen a ninguna parte. La cuestión de las propiedades federales en territorio confederado se convierte en un tema de crispación. En efecto, la Unión posee una serie de fuertes y de arsenales dispersos por todo el país, también en el sur. A pesar de que los Estados Confederados requisan el conjunto de estas propiedades durante las primeras semanas de la secesión sin incidentes remarcables, dos fuertes marítimos permanecen bajo el control de los yanquis: Fuerte Pickens (que está lo suficientemente alejado de las costas para ser abastecido sin chocar con los sudistas) y Fuerte Sumter.

Este último fuerte, situado a proximidad del puerto de Charleston en Carolina del Sur y dirigido por Robert Anderson (1805-1871), elige ser fiel a la Unión. Tras un asedio de varios meses, la guarnición formada por unos 70 hombres necesita un abastecimiento urgente. Lincoln, que esperaba tener más tiempo, debe enfrentarse a un dilema: se ha comprometido a defender a la Unión y a sus bienes, pero es consciente de que un abastecimiento del fuerte podría desencadenar las hostilidades. El 10 de abril, sin embargo, toma la decisión de abastecer al fuerte por vía marítima.

Para el bando de los Estados Confederados, Fuerte Sumter constituye un símbolo nordista que pone en tela de juicio la independencia del sur. Jefferson Davis ya no puede tolerar por más tiempo esta situación, que socava la credibilidad de los Estados Confederados. Consciente de que hay que actuar antes de la llegada del abastecimiento, el viernes 12 de abril de 1861 a las 4:30 horas ordena al general Pierre Beauregard (1818-1893) que abra fuego. Durante 37 horas, la artillería bombardea el fuerte sin descanso. Fuerte Sumter recibe el impacto de por lo menos 4000 obuses, que lo destruyen y acaban provocando su rendición. A Lincoln ahora no le queda otra elección que defender la Unión y hacer volver a los rebeldes, por su propia voluntad o por la fuerza. Al día siguiente, ordena el reclutamiento de un ejército de 75 000 voluntarios, mientras que el sur ya ha llamado a 100 000. La guerra civil acaba de empezar. Inmediatamente después, cuatro estados más se unen a la Confederación: Virginia, Arkansas, Tennessee y Carolina del Norte. Por su parte, Misuri, Kentucky, Maryland y Delaware, aunque son esclavistas, se mantienen fieles a la Unión.

Bombardeo de Fuerte Sumter.

A pesar de este primer revés de la Unión, nadie duda de que su victoria está cerca. En efecto, el norte posee recursos muy superiores a los del sur. No solamente dispone de la industria, sino que también cuenta con reservas de carbón y de acero y con una red ferroviaria desarrollada. El potencial humano también es colosal: la población yanqui, de 23 millones de personas, es muy superior a la de los sudistas, en cuyo territorio solo viven 9 millones de personas —3,5 millones de las cuales son negros que podrían rebelarse—. Con todo, aunque el sur acumula una serie de puntos débiles, dispone de hombres con excelentes cualidades militares y familiarizados con el arte de la guerra, al contrario de lo que sucede en el norte, que cuenta con un ejército mal preparado. Antes de la secesión, la Unión solamente dispone de un ejército regular de 18 000 hombres que, fuera de la guerra de México, no ha combatido con nadie más que con los indios. Así pues, en ambos lados está todo por hacer. Este alistamiento progresivo será escenario de tragedias. En los estados cercanos a la nueva frontera, muchas familias verán cómo sus hijos luchan por un bando u otro.

EL FRACASO DE LA UNIÓN

La respuesta de la Unión no tiene lugar hasta julio de 1861. En efecto, el teatro de operaciones es muy amplio y requiere una larga preparación. Se observan tres zonas de enfrentamiento:

- en el mar, toda la costa sudista sufre un bloqueo a partir del 19 de abril. El bloqueo, llamado Plan Anaconda, debe impedir cualquier abastecimiento del sur. Sin embargo, se trata de vigilar casi 5000 kilómetros de costas con una marina todavía bastante débil;

- al este, entre los Apalaches y la costa atlántica, el desafío es inmenso. Separadas por apenas 150 kilómetros, Washington (capital de los nordistas) y Richmond (capital de los sudistas) se encuentran en el centro de las estrategias militares y requieren una protección constante;
- al oeste, los esfuerzos se centran en el Misisipi, una puerta de entrada hacia el territorio sudista que podría romper los Estados Confederados en dos si la Unión lograra su control.

El primer asalto del norte se lleva a cabo el 21 de julio en Bull Run, a 40 kilómetros de Washington. Los hombres se muestran confiados, y esperan terminar rápidamente. Bajo el mando del general Irwin McDowell (1818-1885), el Ejército federal va al encuentro de los confederados. Aunque inicialmente la victoria parece decantarse hacia la Unión, la llegada de refuerzos sudistas finalmente provoca la desbandada. Los yanquis, con poca experiencia y enfrentados por primera vez a la guerra, son derrotados. Los supervivientes huyen dejando atrás su equipamiento. Por su parte, el Ejército del sur desorganizado no puede continuar la lucha hasta Washington. El fracaso de Bull Run, un gran fiasco para la Unión, será profético: la guerra será larga y dolorosa.

Lincoln, que necesita llevar a cabo nuevos esfuerzos, llama a filas a 500 000 voluntarios adicionales por tres años, y confía la reorganización del ejército a George McClellan (1826-1885). En pocos meses, este joven general de 34 años convierte al Ejército del Potomac en una fuerza militar temible y bien entrenada. La confianza se instala de nuevo, pero McClellan es demasiado inseguro. Temiendo perder a su bello ejército, va retrasando el inicio de la acción, a pesar de la diligencia de Lincoln.

En el frente del este, la ofensiva no se reanuda hasta marzo de 1862, con la campaña de la Península. A la cabeza de 200 000 hombres, McClellan se dirige a Richmond para tomar la capital por la retaguardia y eliminar al Ejército sudista. El plan funciona tal como estaba previsto, y toma por sorpresa a los confederados. En abril, 120 000 soldados de la Unión se encuentran frente a las puertas de la ciudad, y esperan el refuerzo de un segundo ejército. Sin embargo, aunque la victoria parece inevitable, la falta de iniciativas de McClellan transforma la ventaja de la Unión en un desastre. Los confederados, más rápidos, ponen en marcha varias líneas de defensa en torno a Richmond, mientras que otro Ejército sudista dirigido por Thomas J. Jackson (1824-1863) llega a Washington, y varias fuerzas armadas nordistas son llamadas a volver para proteger a la capital.

Atrapado ante Richmond frente al general Lee, McClellan ahora se ve privado de refuerzos. La situación parece desesperada: se multiplican las deserciones y las enfermedades causadas por las ciénagas nauseabundas y las lluvias torrenciales provocan muchas bajas. Molesto, Lincoln ordena igualmente un ataque. El 25 de junio se inicia la batalla de los Siete Días. El desastre es total: Lee empuja a McClellan a retirarse, y el general es destituido.

La Unión vivirá este estancamiento en el frente del este a lo largo de todo el año 1862. Ninguno de los generales elegidos por el presidente logra imponerse realmente. Dos meses después del fracaso de McClellan, la Unión se enfrenta a una nueva decepción en Bull Run el 29 y 30 de agosto.

Segunda batalla de Bull Run.

Este episodio impulsa al general Lee a pasar a la ofensiva. El 6 de septiembre, cruza el Potomac y penetra en Maryland, con el objetivo de atacar Washington. Se vuelven a solicitar los servicios de McClellan de forma urgente, y el general pretende vengarse: va al encuentro del Ejército sudista, al que frena en las ribas del Antietam el 17 de septiembre. No obstante, sigue siendo demasiado prudente, y pierde la oportunidad de acabar con el ejército de Lee al negarse a perseguirlo. La batalla de Antietam se salda con una verdadera hecatombe: en un solo día, 6000 estadounidenses fallecen y 17 000 otros resultan heridos, convirtiendo esa jornada en la más sangrienta de la historia de los Estados Unidos. Inmediatamente después de esta triste victoria,

Lincoln toma la decisión de emancipar a los esclavos el 23 de septiembre de 1862. Así, libera a todos los esclavos del norte y del sur, que ahora pueden entrar en el ejército, en unidades distintas a las de los blancos.

McClellan vuelve a ser destituido, y es reemplazado por el general Ambrose Burnside (1824-1881) que, sin embargo, también resulta ser poco eficaz. El 13 de diciembre de 1862, lanza un nuevo ataque sobre Richmond, pero es detenido en Fredericksburg por el ejército de Lee, sólidamente atrincherado al otro lado del río Rappahannock. Burnside, que no muestra ningún tipo de consideración hacia sus hombres, ordena atacar y cruzar el río. Bajo un fuego constante, los soldados de la Unión caen unos detrás de otros. Se producen al menos 12 000 pérdidas (muertos y heridos) en el bando yanqui, mientras que en el bando sudista el número de bajas es dos veces inferior.

La batalla de Fredericksburg.

Los primeros meses de 1863 no son mucho mejores para los nordistas. El 1 de mayo, el general Joseph Hooker (1814-1879), recientemente ascendido a comandante del Ejército del Potomac, reanuda la ofensiva con 113 000 soldados contra los 55 000 en el bando de Lee. Espera rodear Fredericksburg y encerrar así al Ejército sudista. Sin embargo, Lee pronto desmonta la táctica, ya que decide enviar a su ejército al encuentro de los yanquis en Chancellorsville. Constatando las debilidades del Ejército del norte, elige deliberadamente escindir sus fuerzas para que Hooker quede atrapado, a pesar de que dispone de tropas limitadas. La maniobra resulta ser un éxito y manda a los soldados de vuelta a Washington, aunque el balance de víctimas es trágico (13 000 para los sudistas y 17 000 para los nordistas). De este acontecimiento, se desprende una clara constatación: los Estados Confederados llevarán a cabo una lucha encarnizada para defender su causa.

En el este, la guerra se estanca, y muchas personas en el norte quieren la paz en vez de continuar una guerra dolorosa. Lincoln se niega, elimina el hábeas corpus (una libertad fundamental que dicta que no se puede ser encarcelado sin juicio) y, el 3 de marzo de 1863, obtiene la conscripción. Los soldados ahora son seleccionados por sorteo, pero pueden quedar exentos de entrar en el ejército mediante el pago de 300 dólares, una exención que allana el camino para las desigualdades.

A LA CONQUISTA DEL MISISIPI

En el frente del oeste, la situación de la Unión es mucho mejor. Los esfuerzos se concentran, ante todo, en el río Misisipi. Puerta de entrada tanto hacia el norte como hacia el sur, el río es un elemento estratégico crucial. Los Estados Confederados, que desean asegurar su retaguardia, lanzan una ofensiva hacia Misuri. Sin embargo, el ejército yanqui logra frenar a los sudistas, e incluso los derrota en Pea Ridge, en el norte de Arkansas, el 6 de marzo de 1862.

Kentucky, el estado vecino de Misuri, también está en el punto de mira de los sudistas. Su territorio es invadido parcialmente en septiembre de 1861, lo que permite que los confederados fortifiquen la ciudad de Columbus en los altos del Misisipi. Sin embargo, los nordistas, dirigidos en la región por Grant, no van a dejarse ningunear. En vez de luchar por recuperar Columbus, el general envía su ejército hacia Tennessee y, el 6 y el 16 de febrero, toma los fuertes Henry y Donelson, cortando el valle de los ríos Tennessee y Cumberland, y abriendo la entrada del estado al Ejército nordista. Pero Grant no se detiene ahí. Avanzando a pasos de gigante, baja por el río Tennessee con su ejército, mientras que otro comandado por Don Carlos Buell (1818-1898) entra en combate siguiéndolo desde el centro de Kentucky.

Ante esta amenaza creciente, el Ejército confederado se lanza al encuentro de Grant. El 6 de abril de 1862, ambas fuerzas se encuentran en Shiloh. La batalla causa estragos, y Grant está a punto de ceder en su flanco izquierdo, pero Buell acude en su ayuda. La Unión gana, pero paga un alto precio en víctimas: en ambos lados, 20 000 soldados fallecen, desaparecen o resultan heridos.

Batalla de Shiloh, pintura de Thure de Thulstrup, 1888.

Al día siguiente, Columbus es recuperada, y Memphis cae en manos del norte el 6 de junio. La Unión empieza a encadenar sus éxitos. En julio, se frena una invasión de Kentucky por parte de los sudistas y, lo que es todavía mejor para los yanquis, cada vez penetran más en Tennessee, en dirección de Chattanooga desde Nashville. Con todo, entre el 31 de diciembre de 1862 y el 2 de enero de 1863, la batalla de Stones River entre ambas ciudades deja a los dos ejércitos exangües durante un tiempo.

En el mar, el Plan Anaconda no surte efecto realmente hasta 1862. Entretanto, la Confederación recorre a corsarios para abastecerse o a forzadores de bloqueos para llevar armas y municiones al sur. No obstante, el refuerzo continuo de la flota unionista con sus acorazados, sus minas submarinas o incluso sus primeros submarinos la obliga muy rápido a contar solamente con sus propios recursos. Peor todavía, en abril de 1862 la Unión lanza una ofensiva naval sobre Nueva Orleans para tomar el control de la desembocadura del Misisipi. El bombardeo de la ciudad empieza el 24 de abril de 1862, y cinco días después esta cae en manos del norte. El golpe es terrible para el sur, que ve capitular una de sus ciudades más importantes. Los Estados Confederados, que ahora están atrapados, ya solo controlan el curso medio del río entre Vicksburg y Port Hudson. Ahora, Vicksburg está bajo la amenaza de Grant, algo que preocupa a Davis. Este último informa de ello a Lee que, en vez de ayudar a la ciudad, se dispone a asestar el golpe de gracia a la Unión.

EL CHOQUE DE GETTYSBURG Y LA LENTA AGONÍA DEL SUR

Condenados a largo plazo, los Estados Confederados deben llevar a cabo una batalla decisiva que obligará a la Unión a firmar una paz y a reconocer *de facto* el nuevo Estado. El general Lee pone en marcha una estrategia audaz: cruzar el Potomac en el frente oriental, invadir Pensilvania y amenazar Washington por el norte. El general es consciente de que este es un último intento para el sur, cuyos recursos se agotan. En junio de 1863, el ejército se pone en marcha: al menos 70 000 hombres cruzan el Potomac, al asalto del norte en dirección de Harrisburg. Lincoln pide inmediatamente al Ejército del Potomac, dirigido por George G. Meade

(1815-1872), que persiga a los confederados. El 1 de julio de 1863, los dos ejércitos se enfrentan cerca de Gettysburg.

Durante tres días, el Ejército del sur intenta romper la defensa nordista. No hay nada que hacer. Sólidamente anclados, los hombres de Meade aguantan e incluso consiguen refuerzos, mientras que los cadáveres se multiplican en ambos bandos. El 3 de julio, Lee, desesperado, lanza una última ofensiva suicida: pide a 14 000 soldados que carguen al descubierto durante 1200 metros. La masacre es inevitable, y dos tercios de las tropas mueren, obligando a Lee a retirarse. En tres días, 51 000 hombres quedan fuera de combate (23 000 nordistas y 28 000 sudistas). A partir de ahora, los Estados Confederados deben limitarse a una estrategia defensiva. Para la Unión, la victoria es contundente y reaviva los ánimos sobre los objetivos de la guerra.

Rindiendo homenaje a los muertos de Gettysburg, Lincoln pronuncia, el 19 de noviembre de 1863, uno de sus discursos más famosos:

> «[…] que nosotros aquí decidamos que estos muertos no hayan fallecido en vano, que esta nación bajo Dios tendrá un nuevo nacimiento de libertad, y que el gobierno del pueblo, por el pueblo y para el pueblo no desaparezca de la faz de la Tierra» (Pascal 2012).

Fotografía de Lincoln en Gettysburg rindiendo homenaje a los muertos.

Paralelamente a esta batalla, la Unión cosecha un éxito decisivo en el oeste, con la conquista de la plaza fuerte de Vicksburg el 4 de julio de 1863. Entonces, la ciudad está en el centro de la estrategia nordista. Flanqueada en los altos de la riba este del Misisipi, Vicksburg forma parte de los últimos bastiones de los Estados Confederados en el gran río que permiten la comunicación con el oeste de Luisiana y con Texas. La ciudad, con una reputación de inconquistable, hace fracasar a Grant durante varios meses. Con todo, este último no se desanima y, en abril de 1863, ordena el traslado de sus tropas por barco hacia el sur, más allá de Vicksburg. La travesía está lejos de ser un paseo tranquilo: la artillería de la ciudad responde sin cesar al fuego de los acorazados. Las pérdidas son importantes, pero las tropas federales logran pasar.

A continuación, mediante una formidable maniobra de rodeo por el este, el Ejército federal toma la plaza fuerte por la retaguardia a mediados de mayo. El asedio de Vicksburg empieza. Aunque la población resiste durante un tiempo, la falta de refuerzos hace que caiga en la hambruna. El 4 de julio, tras 48 días de asedio, la plaza capitula y, con su caída, arrastra también a Port Hudson, situado más en el sur.

Cuadro que representa el ataque de Vicksburg.

Ahora, todo el río Misisipi está en manos de la Unión. Los Estados Confederados, divididos en dos, empiezan su lenta agonía. En Tennessee, la ofensiva yanqui se reanuda con más fuerza, enardecida por las victorias recientes. Knoxville se rinde el 3 de septiembre, y seis días después lo hace también Chattanooga, una ciudad ferroviaria estratégica. Las puertas de Georgia se abren para los nordistas, que avanzan hacia Chickamauga. Sin embargo, los sudistas los adelantan y, sin contentarse con frenarlos, los persiguen en su retirada hacia Chattanooga. El desastre se evita por poco, gracias a los refuerzos de Grant y una parte del Ejército del Potomac, que frenan la amenaza.

EL 9 DE ABRIL DE 1865 EN APPOMATTOX

El sur ahora es preso de la agonía: los recursos agrícolas se están agotando, el bloqueo marítimo impide la importación y la exportación y, además, la moral está por los suelos. La Unión lo sabe: el final de la guerra está cerca. Después de sus victorias, el general Grant recibe el título de teniente general el 9 de marzo de 1864, y se coloca a la cabeza del Ejército federal. Su objetivo es claro: acabar con el Ejército confederado en Virginia, aunque sea a costa de importantes pérdidas.

Con 120 000 hombres, Grant se dirige hacia Virginia el 4 de mayo de 1864. Todos los enfrentamientos con el Ejército confederado de Lee son sangrientos, pero, respaldándose en su superioridad numérica, Grant no cede. Constantemente, le pisa los talones al Ejército del sur, que amenaza con desintegrarse. En este duelo de titanes, la estrategia de Grant finalmente da sus frutos: a mediados de junio, los sudistas se retiran hacia las líneas de trincheras que rodean Richmond y Petersburg. El último asedio que debe dar la victoria a la Unión acaba de comenzar.

Mientras tanto, en el oeste, el Ejército federal dirigido

por William T. Sherman (1820-1891) se lanza al ataque de Atlanta, en Georgia. La ciudad, segundo centro industrial del sur, es también un nudo ferroviario estratégico que dispone de un importante arsenal. Sherman, que sale el 4 de mayo de Chattanooga, llega —no sin sobresaltos— a las puertas de la ciudad defendida por el general John Bell Hood (1831-1879) el 22 de julio. A pesar de una defensa agresiva, Atlanta cae el 1 de septiembre. Sherman ordena su destrucción mediante el fuego y se embarca con su ejército en una marcha frenética hacia el mar. Ahora nada impide el avance de las tropas federales, que saquean y queman todo lo que encuentran a su paso en un perímetro de 500 kilómetros de largo y 80 kilómetros de ancho. El 21 de diciembre, Sherman llega a Savannah, en la costa. A continuación, comienza su ascenso hacia el norte para atrapar al ejército de Lee, que ya está luchando con Grant. La débil defensa de Carolina del Sur no se le resiste, y el 17 de febrero Columbia es destruida. Charleston corre la misma suerte. El fin está cerca.

Después de un duro invierno, el esfuerzo se reanuda en los alrededores de Richmond a finales de marzo. El resultado es bien sabido. Privadas de abastecimiento, las defensas de Richmond ceden el 2 de abril de 1865. Los combates continúan durante unos días, pero la moral de los soldados es ya inexistente. Las deserciones de los sudistas son cada vez más importantes a medida que los yanquis van ganando terreno. El 9 de abril de 1865, el general Lee depone las armas en Appomattox Court Road y firma la declaración de rendición con el general Grant. Aunque algunos sudistas aislados continúan los combates hasta el 26 de mayo, la guerra de Secesión ha terminado por completo. Mientras tanto, como un último acto trágico de este capítulo sangriento de la historia de los Estados Unidos, se produce el asesinato del presidente Lincoln.

La rendición de Lee y de su ejército ante Grant.

La guerra de Secesión, con sus innovaciones técnicas y militares, como los fusiles de cañón estriado y con balas cónicas, ha sido un terrible terreno de experimentación para la guerra moderna, como lo demuestra el horror de los campos de batalla, fotografiados por primera vez. 618 000 estadounidenses fallecen, lo que significa un número de víctimas más elevado que durante las dos guerras mundiales juntas (para el bando estadounidense). Ahora, la Unión debe renacer de sus cenizas.

REPERCUSIONES

TIEMPO PARA LA RECONSTRUCCIÓN

Al contrario de lo que se podría pensar, la guerra de Secesión no acaba con el crecimiento en el seno de la Unión, sino todo lo contrario. En el norte, la prosperidad continúa durante todo el conflicto. La industria funciona a pleno rendimiento, y la afluencia de inmigrantes no se detiene. En paralelo, la expansión hacia el oeste sigue y se conjuga con la ambiciosa realización del ferrocarril transcontinental. En 1865, por lo tanto, la victoria del norte es absoluta.

El sur, por su parte, no puede hacer más que constatar el desastre: muchos pueblos, ciudades y plantaciones quedan reducidos a cenizas por culpa de los saqueos; la economía agraria que se basaba en la explotación del algodón es destruida; y, finalmente, muchas localidades son víctima de la criminalidad, ante la ausencia de autoridad política. Así, en 1865, la guerra le cede su lugar a la reconstrucción en el sur.

En 1863, Lincoln se muestra moderado y tolerante con el sur, como es habitual en él y contrariamente a la voluntad de los miembros más extremistas de su partido. Desea amnistiar a todos aquellos que acepten prestar juramento de lealtad a la Unión. Además, propone que los estados rebeldes sean dirigidos por gobernadores militares hasta su reintegración completa en la federación. Sin embargo, su asesinato lo pondrá todo en tela de juicio. El nuevo presidente Andrew Johnson (1808-1875), que no puede rivalizar con los radicales, pierde toda iniciativa en la reconstrucción.

El sur, que recibe el trato que se profesaría a las provincias conquistadas, es dividido en cinco distritos militares en los que se aplica la ley marcial. Todos los antiguos dirigentes confederados son excluidos del poder político, y se imponen nuevas constituciones dictadas por los radicales en todos los estados del sur. Estos vuelven a integrar la Unión de forma progresiva: Tennessee lo hace en 1865; Arkansas, Alabama, Florida, Georgia, Luisiana, Carolina del Norte y Carolina del Sur lo hacen en 1868; Misisipi, Texas y Virginia, en 1870.

En el plano económico, las grandes plantaciones agrícolas se reactivan, mientras que un aumento de los impuestos permite que se pongan en marcha grandes obras (construcción de líneas de ferrocarril o incluso escuelas). Finalmente, el ejército se desmoviliza de forma progresiva, y los hombres pueden volver a sus antiguas actividades. En 1866, ya solamente quedan 65 000 soldados movilizados. Las topas dejan el sur, y su retirada efectiva se acaba en 1877.

DE LA ABOLICIÓN A LA SEGREGACIÓN

En el momento en el que se hace evidente que la guerra no se ganará de forma rápida, la necesidad de un objetivo y de un desafío moral se convierte en primordial para la Unión. Esta búsqueda será la abolición total y definitiva de la esclavitud, la misma cuestión que, en 1860, precipita a los Estados Unidos hacia la guerra.

En 1862 se supera una primera etapa, cuando Lincoln decreta la emancipación de todos los esclavos. Sin embargo, el presidente no contempla convertir su política en una cruzada contra la esclavitud. En una óptica moderada en todo momento, busca, sobre todo, preservar la Unión y poner fin a la rebelión. En agosto de 1862, declara:

> «Mi objetivo principal en esta lucha es salvar la Unión, y no salvar o destruir la esclavitud. Si pudiera salvar la Unión sin liberar a ningún esclavo, lo haría; y si lo pudiera hacer liberando a todos los esclavos, lo haría; y si lo pudiera hacer liberando algunos y dejando a los demás, también lo haría» (Lincoln 2015).

El 23 de septiembre de 1862, bajo la presión de los republicanos radicales, proclama la emancipación de todos los esclavos, que cobra efecto el 1 de enero de 1863, liberando a los esclavos del sur sin contrapartida para los propietarios. Los del norte, que han permanecido leales, son indemnizados. De este modo, los negros liberados pueden alistarse en el ejército, en unidades distintas a las de los blancos y con un sueldo inferior.

Una vez la guerra ha terminado, ya no se puede dar marcha atrás. La guerra y la emancipación de los esclavos han lanzado a los Estados Unidos por el camino de la abolición de la esclavitud. El 31 de enero de 1865, se da el paso definitivo: el Congreso federal aprueba por mayoría —con los votos a favor de dos tercios de sus miembros— la Enmienda XIII de la Constitución, para abolir la esclavitud en toda la Unión. La enmienda, ratificada progresivamente por los distintos estados, se integra definitivamente en la Constitución en diciembre de 1865. En paralelo a esta medida, el Gobierno prevé dar 40 acres de territorio y una mula a cada antiguo esclavo para garantizar su independencia.

No obstante, los republicanos radicales no quieren quedarse ahí, y desean acordar todos los derechos civiles a la población negra. El 28 de julio de 1868, se adopta la Enmienda XIV, que le atribuye los derechos civiles y, el 30 de marzo de 1870, ocurre lo mismo con la Enmienda XV, que le otorga el derecho al voto. La revolución es absoluta. No obstante, aunque sobre papel los negros ahora tienen los mismos derechos que los blancos, la realidad es muy diferente y decepcionante, a pesar de los tribunales que se establecen para garantizar que se respeten estas decisiones.

En efecto, en los antiguos estados rebeldes, la nostalgia del sur de antaño pronto conduce a las autoridades a promulgar «códigos negros» para asegurar la supremacía de los blancos. Asimismo, nacen sociedades secretas para oponerse a la igualdad entre los hombres, como el Ku Klux Klan, que se prohibirá en 1869. Estas, recurriendo a la violencia, disuaden rápidamente a los negros de ej

ercer sus nuevos derechos. Asimismo, lejos de haber recibido lo que el Gobierno les había prometido, los antiguos esclavos a menudo se ven obligados a volver a trabajar para su antiguo dueño en las mismas plantaciones que antes. La segregación aparece en todas partes. Habrá que esperar a los años sesenta —un siglo más tarde— y al célebre discurso de Martin Luther King (1929-1968) para acabar con la desigualdad. Sin embargo, no hay que bajar la guardia, como lo demuestra la matanza de Charleston de 2015.

La guerra de Secesión, un trauma cuyas heridas todavía están muy presentes en la mentalidad colectiva, sigue siendo el combate de una nación entera para garantizar su unidad y acabar con la servidumbre de los hombres en América.

EN RESUMEN

1787
La Constitución permite que cada estado decida si quiere practicar la esclavitud

1820
Compromiso de Misuri

1857
El Tribunal Supremo declara el Compromiso de Misuri contrario a la Constitución

1860
Abraham Lincoln se convierte en presidente
Carolina del Sur se escinde

1861
En.: **seis otros estados se escinden**

4 feb.: **creación de los Estados Confederados de América**

12 abr.: **Fuerte Sumter es atacado por el sur; inicio de la guerra de Secesión**

21 jul.: primer asalto del norte en Bull Run

1862

6 abr.: batalla de Shiloh

25 jun.-1 jul.: batalla de los Siete Días

29-30 ag.: segunda batalla de Bull Run

17 sept.: batalla de Antietam

23 sept.: Abraham Lincoln hace emancipar a los esclavos del norte y del sur

13 dic.: batalla de Fredericksburg

31 dic. 1862-2 en. 1863: batalla de Stones River

1863

1-6 may.: batalla de Chancellorsville

18 may.-4 jul.: asedio de Vicksburg

1-3 jul.: batalla de Gettysburg

1865

Reelección de Abraham Lincoln

2 abr.: Richmond cede

9 abr.: el sur capitula; fin de la guerra de Secesión

15 abr.: asesinato de Abraham Lincoln

26 may.: fin de todos los combates

6 dic.: el Congreso adopta la Enmienda XIII

Tennessee vuelve a entrar en la Unión

Dic.: la Enmienda XIII se integra en la Constitución

1868

Arkansas, Alabama, Florida, Georgia, Luisiana, Carolina del Norte y Carolina del Sur vuelven a entrar en la Unión

28 jul.: la Enmienda XIV concede los derechos civiles a la población negra

1870

Misisipi, Texas y Virginia vuelven a entrar en la Unión

30 mar.: la Enmienda XV concede el derecho al voto a la población negra

- El 20 de diciembre de 1860, Carolina del Sur proclama su secesión de los Estados Unidos, tras la elección de Abraham Lincoln. Seis estados más hacen lo mismo y el 4 de febrero de 1891 fundan los Estados Confederados de América, de los que Jefferson Davis se convierte en presidente.

- El 12 de abril de 1861, los Estados Confederados toman la decisión de bombardear Fuerte Sumter —uno de los últimos bastiones de la Unión en el sur—, y este acto desencadena las hostilidades. Otros cuatro estados se unen a los Estados Confederados. La guerra civil acaba de comenzar.

- En el frente oriental, el ejército del general Lee domina las tropas de la Unión durante dos años. Las batallas de Bull Run I (21 de julio de 1861), de los Siete Días (26 de junio de 1862), de Bull Run II (29-30 de agosto de 1862), de Antietam (17 de septiembre de 1862), de Fredericksburg (13 de diciembre de 1862) y de Chancellorsville (2 de mayo de 1863) se llevan a cabo con una violencia sin precedentes.

- En el frente occidental, en cambio, la Unión logra varias victorias. Repeliendo a los sudistas, el general Grant avanza en Tennessee, al tiempo que libera el norte del río Misisipi.

- Mientras tanto, el 29 de abril de 1862, Nueva Orleans cae en manos del norte después de un bombardeo por parte de la Marina. El Plan Anaconda llega a ser verdaderamente eficaz.

- El 1863 decanta la relación de fuerzas a favor de la Unión. El enfrentamiento de Gettysburg termina con una victoria para los yanquis en el este.

- Mientras tanto, Grant libera totalmente el curso del río Misisipi después de su victoria en Vicksburg, el 4 de julio. Ahora, el sur está dividido en dos.
- Los Estados Confederados empiezan su lenta agonía. Mientras que Grant inicia el asedio de Richmond en mayo de 1864, los ejércitos de Sherman penetran en Georgia. Atlanta es incendiada el 1 de septiembre.
- Por último, en el este, Richmond acaba cayendo a principios de abril de 1865, arrastrando a todos los Estados Confederados. El 9 de abril de 1865, el general Lee proclama la rendición en Appomattox, acabando con el conflicto.
- Cinco días más tarde, Abraham Lincoln es asesinado en Washington, no sin antes haber hecho que se aprobase la Enmienda XIII para abolir la esclavitud.

¡Tu opinión nos interesa!
¡Deja un comentario en la página web de tu librería en línea,
y comparte tus favoritos en las redes sociales!

PARA IR MÁS ALLÁ

FUENTES BIBLIOGRÁFICAS

- Ameur, Farid. 2004. *La guerre de Sécession*. París: PUF.
- Catton, Bruce. 1983. *La guerre de Sécession*. París: Payot.
- Kaspi, André. 1986. *Les Américains. Naissance et essor des États-Unis*, tomo 1, 1607-1945. París: Seuil.
- Kaspi, André. 1999. *La guerre de Sécession. Les États désunis*. París: Gallimard.
- Keegan, John. 2011. *La guerre de Sécession*. París: Perrin.
- McPherson, James M. 1996. *La guerre de Sécession (1861-1865)*. París: Laffont.

FUENTES COMPLEMENTARIAS

- Cordero Yannarella, Álvaro. 2012. "Abraham Lincoln, el héroe que nunca fue". *La Nación*. 5 de julio. Consultado el 5 de julio de 2017. http://www.nacion.com/archivo/Abraham-Lincoln-heroe_0_1278872286.html
- Heffer, Jean. 1971. *Les origines de la guerre de Sécession*. París: PUF.
- Heidler, David S. y Jeanne T. Heidler. 2002. *Encyclopedia of the American Civil War: a Political, Social, and Military History*. Nueva York: W. W. Norton & Co.
- Isabel Fraire, "Abraham Lincoln", 2017. Consultado el 8 de junio de 2017. http://www.isabelfraire.com/index.php/homepage-6/pensadores-norteamericanos/abraham-lincoln
- Keneally, Thomas. 2013. *Abraham Lincoln*. París: Belin.
- Lemaitre, René. 1975. *La guerre de sécession en photos,*

avec un choix de textes de témoins français. París: Elsevier-Séquoia.
- Lincoln, Abraham. 2015. *Abraham Lincoln. Por la libertad*. Traducido por Francisco García Lorenzana. Barcelona: Plataforma Editorial.
- Pascal, Janet. 2012. *¿Quién fue Abraham Lincoln?* Traducido por Santiago Ochoa. Nueva York: Penguin.
- Sifakis, Stewart. 2014. *Who Was Who in the Civil War: A Comprehensive, Illustrated Biographical Reference to more than 2,500 of the Principal Union and Confederate Participants in the War Between the States*. Berwyn Heights: Heritage Book Inc.

FUENTES ICONOGRÁFICAS

- Esclavos negros estadounidenses utilizan la primera desgranadora para separar el grano del algodón de su fibra, dibujo de William L. Sheppard, 1869. © The Library of Congress.
- Cuadro que representa a Abraham Lincoln, pintado en 1894. © Internet Archive Book Images.
- Asesinato de Abraham Lincoln. La imagen reproducida está libre de derechos.
- Retrato de Ulysses S. Grant, *c.* 1870-1880. © Brady-Handy Photograph Collection.
- Fotografía de Jefferson Davis tomada por Mathew Brady antes de 1861. La imagen reproducida está libre de derechos.
- Retrato de Robert E. Lee realizado por Julian Vannerson en 1864. © Library of Congress.
- Bombardeo de Fuerte Sumter. La imagen reproducida

está libre de derechos.
- Segunda batalla de Bull Run. La imagen reproducida está libre de derechos.
- La batalla de Fredericksburg. La imagen reproducida está libre de derechos.
- *Batalla de Shiloh*, pintura de Thure de Thulstrup, 1888. © Library of Congress.
- Fotografía de Lincoln en Gettysburg rindiendo homenaje a los muertos. © David Bachrach.
- Cuadro que representa el ataque de Vicksburg. © US Army Center of Military History.
- La rendición de Lee y de su ejército ante Grant. © Library of Congress.

PELÍCULAS Y DOCUMENTALES

- *Lo que el viento se llevó*. Dirigida por Victor Fleming, con Vivien Leigh, Clark Gable y Leslie Howard. Estados Unidos: Metro Goldwyn Mayer y Selznick International Pictures, 1939.
- *Azules y grises*. Miniserie de televisión dirigida por Andrew V. McLaglen, con Stacy Keach, John Hammond y Colleen Dewhurst. Estados Unidos: Columbia Pictures Television, 1982.
- *Gettysburg*. Dirigida por Ron Maxwell, con Martin Sheen, Stephen Lang y Jeff Daniels. Estados Unidos: TriStar Television, Esparza / Katz Productions, New Line Cinema y Turner Pictures (I), 1993.
- *Gods and Generals*. Dirigida por Ron Maxwell, con Robert Duvall, C. Thomas Howell y Stephan Lang. Estados Unidos: Turner Pictures, 2003.

- *The Civil War: la guerre de Sécession*. Dirigido por Ken Burns. París: Arte, 2009.
- *Civil War*. Dirigido por Jenny Ash, Renny Bartlett, Clare Beavan y Marion Milne. Inglaterra: 2010.
- *Lincoln*. Dirigida por Steven Spielberg, con Daniel Day-Lewis, Sally Field y Tommy Lee Jones. Estados Unidos: 20th Century Fox, DreamWorks SKG, Amblin Entertainment, Imagine Entertainment, The Kennedy/Marshall Company, Participant Media, Reliance Entertainment, Office Seekers Productions y Parkes/MacDonald Productions, 2012.
- *Killing Lincoln*. Dirigido por Adrian Moat, con Billy Campbell, Jesse Johnson y Geraldine Hughes. Estados Unidos: Scott Free Productions y National Geographic Channel, 2013.

MUSEOS Y EDIFICIOS CONMEMORATIVOS

- El Shaw Memorial, en Boston, Estados Unidos.
- El Soldiers' and Sailors Monument, en Nueva York, Estados Unidos.
- La estatua Cavalry Charge, en Washington, Estados Unidos.
- El Memorial Lincoln, en Washington, Estados Unidos.
- El Fuerte Sumter, en Carolina del Sur, Estados Unidos.
- El campo de batalla de Gettysburg, en Gettysburg, Estados Unidos.
- El Museo de la Guerra Civil, en Gettysburg, Estados Unidos.
- El National Civil War Museum, en Harrisburg, Estados Unidos.

- El Confederate Museum, en Woluwe-Saint-Lambert, Bélgica.

www.en50Minutos.es

ISBN ebook: 9782806298966

ISBN papel: 9782806298973

Depósito legal: D/2017/12603/358

Cubierta: © Primento

Libro realizado por <u>Primento</u>, *el socio digital de los editores*